Moritz August von Thümmel

Willhelmine oder der vermählte Pedant

Ein prosaisches comisches Gedicht

Moritz August von Thümmel

Willhelmine oder der vermählte Pedant
Ein prosaisches comisches Gedicht

ISBN/EAN: 9783743691445

Hergestellt in Europa, USA, Kanada, Australien, Japan

Cover: Foto ©Thomas Meinert / pixelio.de

Weitere Bücher finden Sie auf **www.hansebooks.com**

Willhelmine

oder

der vermählte Pedant.

Ein

prosaisches comisches Gedicht.

1764.

Willhelmine

oder

der vermählte Pedant.

Erster Gesang.

Ich singe das Abentheuer, das ein Dorfpfarr, der Liebe wegen, erdulden mußte, ehe sie ihn mit dem erseufzten Besitze seiner Geliebten belohnte.

Feindlich empörten sich die langsam athmende Schwermuth, die fröhliche Thorheit, die Intrüge des Hofs und der bäurische Blödsinn wider die ruhigen Tage des Pastors; doch seine Standhaftigkeit siegt' endlich durch die Hülfe des Amors, und sein

aus=

ausgeſtandenes Leiden verſchönert ſeinen
Triumph.

Der große Gedanke, der ſonſt die deutſchen
Dichter erhitzt, daß ſie die Freuden des Tags
und die Erquickung der Nacht — daß ſie
die Peiniger der menſchlichen Natur, Hun=
ger und Durſt, und die größern Quaalen der
Dichter, den Spott der Satyre und die Fauſt
des Kunſtrichters verachten — Dieſer groſ=
ſe Gedanke: Einſt wird die Nachwelt
mich leſen — hat keinen Antheil an mei=
nen Geſängen. Dein belohnendes Lächeln
allein, comiſche Muſe! reizt mich an, dieſen
neuen Sieg der Liebe zu ſingen; und will ja
die Göttinn des Ruhms der ſüßen Bemü=
hung des Dichters noch eine Belohnung hin=
zu thun, ſo ſey es der theure Beyfall meiner
Caroline! Sie leſe dieß Lied, das ich, ent=
fernt von Ihr, aus Einſamkeit ſang, mei=
nen Geiſt zu ermuntern! Ihr harmoniſches
Herz ſchwell auf; Unwillig über den Einfluß
des

des glücklichen Dichters, in ihr jugendlich wallendes Blut, verschlucke Sie dann eine doppelte Dosin Bezoarpulver, und seufze nach meiner Zurückkunft!

Nah an der glänzenden Residenz eines glücklichen Fürsten, nicht fern von der schiffbaren Elbe, verbreiteten sich in dem anmuthigsten Thale, hundert kleine Wohnungen fröhlicher Landleute. Junge Haselstauden und wohlriechende Birken verbauten dieß Landgut in Schatten und versüßten dem fleißigen Taglöhner die entkräftende Arbeit, wenn der Hundsstern wüthete, und entblättert vom Boreas flammte dieß nutzbare Gebüsch in wohlthätigen Oefen, wenn der Winter das Thal mit Schnee füllte, und nun ein Nachbar zum andern schlich, um die vielen müssigen Stunden etwan durch die Thaten eines preußischen Helden oder eines freygebigen Kobolts zu verkürzen, oder auch über die Policeybefehle der Regierung zu spotten. So

A 3

leb-

lebten diese Hüttenbewohner ruhig und mit jeder Jahrszeit zufrieden. Ein exemplarischer Pfarrherr und ein friedfertiger Schulze waren ihre einzigen Beherrscher; denn der Junker des Dorfs verbrauste seine Renten in dem comischen Frankreich; Hätt ihm das holde Gesicht der Tochter seines Verwalters, nur ein einziges mal geglänzt, er würde gewiß nicht mit seiner Unterthanen Tribut eine abgedankte Opernprinzeßinn ernähren; Ach! er hätte gewiß zu seiner Landsmänninn Ehre, als ein edles Gespann, ihren Siegeswagen gezogen!

Aber niemand bewunderte noch Willhelminen. Schon der sechzehnte Frühling hatte ihre Wangen mit einer höhern Röthe gemahlt; ihre Augen funkelnder gemacht und ihr Haar schwärzer gefärbt. Ihr Halstuch erhob und senkte sich schon, und keiner — Ists möglich? keiner von den hartherzigen Bauern gab Achtung darauf. Sie selbst wußte

wußte noch nicht über süße Gedanken der Liebe zu erröthen, ihr Herz klopfte in immer ruhigen Pulsen, wenn sie einsam das verdeckte
Veilchen aus dem hohen Rietgrase hervor-
pflückte, ein wahres Bildniß Ihres eignen
jungfräulichen Schicksals, oder wenn Sie an
dem Ufer des klaren Bachs sitzend, die bunte Forelle mit geschwinden Augen verfolgte,
und indeß den schönen Gegenstand der Natur, Ihr wiederscheinendes Gesicht aus der
Acht ließ. Ihr freundlichen Nymphen, die
ihr so oft das mächtige Vergnügen eures eigenen Anschauens genossen habt! bedauert
diese Unglückliche — aber noch eifriger wer-
det ihr Sie bedauern, ihr männlichen Ken-
ner der Schönheit! denn niemand — ich
wiederhol es mit Jammer, niemand als ein
frommer schüchterner Mann, der Magister,
hatte bis itzt den feinen Verstand gehabt, Ihre Reize zu bemerken, und nur von ihm ward
Sie heimlich geliebet. Mit welchem zitternden

den Vergnügen empfieng er nicht den Decem
von Ihren schmeichelnden Händen, und mit
welcher süßen Betäubung unterschied er nicht
ihre liebliche Stimme, wenn das andächtige
Geschrey der Gemeinde durch die Sacristey
in sein lauschendes Ohr drang. Wie glücklich konnte nicht die Liebe ihn machen! Aber
zwo andere Leidenschaften, fast eben so mäch-
tig als jene, stritten heftig in seiner theologi-
schen Seele, jagten die Liebe heraus und leg-
ten den Grund zu dem grausamen Schicksale
des Pastors. Der Stolz war es und die Be-
gierde nach einem bequemlichen Leben! Denn
wenn ihn auf der einen Seite seines hinfälli-
gen Herzens, die Tochter des vornehmen Kir-
chenraths mit ihrer Neigung verfolgte, so be-
stritt es auf der andern die Ausgeberinn des
Präsidenten. Ihre Wahl war der gewisse
Beruf zum Vorsteher der Kirche: Als Su-
perintendent konnt' er alsdann eines langen
ruhigen Lebens genießen, von den Truthhäh-
nen

nen seiner freygebigen Diöces, und ben Complimenten gemeiner Pfarrherren gemästet.
So wird oft ein Knabe geängstet, wenn ihm
sein lachender Vater ein Stück kräftiges
Brobt und eine einzelne wohlriechende Erdbeere vorlegt. Was soll er wählen? Sein
Gaum verwirft was sein hungriger Magen
verlangt, doch seine minutenlange Näsche-
rey verachtet das Elend des ganzen Tages —
Kurz entschlossen verschluckt er die Erdbeere
und übertäubt das Murren seines Magens
durch erzwungene Gesänge. Eben so gewiß
würde auch endlich der verliebte Magister
seine kleine Willhelmine gewählt haben, wenn
nicht das feindliche Ohngefähr und der hä-
mische Neid den Unentschlossenen überrascht
und vier lange Jahre seine Liebe getäuscht
hätten.

Ein Spührhund der Schönheit, ein leicht-
fertiger Page, der einst in seinem Müßig-
gange diese ländliche Venus erblickte, prahl-

te so laut mit seiner Entdeckung, daß sein
verliebtes Geschwätz durch funfzig Thüren in
die Ohren des aufmerksamen Hofmarschalls
erscholl, der sogleich den sultanischen Ent-
schluß faßte, mit den Reizungen der holden
Willhelmine den Hofstaat zu verschönern und
Sie dem unsaubern Dorfe und der List eines
Pagen zu entziehen. Wenn die weibliche
Aelster in der Mitte des Weinbergs eine volle Traube entdeckt, die von hundert Blättern
beschützt die letzte Zeit ihrer Reife erlangt
hat: so erweckt oft dieß prophetische Geschrey
bey dem reisenden Handwerksmann ein dur-
stiges Nachdenken — Er ersteigt den Wein-
berg und entzieht dem Stocke und der
verjagten Schwätzerinn die vortrefflichsten
Beeren.

Der entschloßne Hofmarschall fuhr von
der Cabale, seiner beständigen Schutzgöt-
tinn, begleitet, in hoher Person zu Nicklas,
dem Verwalter, übersah mit geschwind for-
schen-

schenden Blicken die Schönheit des ver-
schämten Landmägdchens, und es währte nicht
lange, so hatte er seine großmüthige Absicht
eröffnet. „Ich will, sagte er freundlich zu
„dem Alten, eure schöne Tochter in den
„glänzenden Posten einer fürstlichen Kam-
„merjungfer erheben: Dieß ist die Ursache
„meines Besuchs. = = =

Betäubt von der höflichen Rede des vornehmen Herrn, stund der alte Verwalter
vor ihm, strich ungeschickt mit dem Fuße aus
und fühlte ängstlich seine Verwirrung. Der
feine Hofmarschall ließ ihm Zeit, Athem zu
holen, und versuchte indeß mit Willhelminen
zu sprechen: aber die Schöne verstummte,
blinzte mit den Augen, und ihr Blödsinn
zeigte ihm eine so weiße Reihe von Zähnen,
die ihm noch nie die vornehme Sucht zu ge-
fallen, in dem langen Laufe seines Lebens
verrieth. Die Verlegenheit der Tochter
weckte zuletzt den Alten aus seiner Betäubung.

bung. Er nahm stotternd das Wort, und
als Vater geboth er der Schöne, Sie möchte, weil einmal ihr gutes Glück es verlang-
te, zur Reise nach Hofe sich geschickt machen; und über den gütigen Herrn schüttete
seine schwere Zunge tausend unvollendete
Wünsche und abgebrochene Danksagungen
aus; und beredtere Thränen strömten von seinen bleichen Wangen herunter. Damals
waren noch zwanzig Minuten genug, die
Schöne in ihren besten Putze zu kleiden; als-
denn hob sie der vergoldete Herr in seine
verhenkte Carosse, und sechs wiehernde Hengste jagten durch die Reihen unzähliger
Bauern, denen das starre Erstaunen die weiten Mäuler geöffnet. Aber welche Muse beschreibt das Entsetzen des studierenden Magisters, als in sein düstres Museum der freu-
dige Nicklas hereintrat und ihm das wun-
derbare Schicksal entdeckte, das seine arme
Willhelmine zu einer hochfürstlichen Kam-
mer-

merjungfer erhoben! Ohne Gedanken hört'
er die dreymal wiederholte Geschichte des
Verwalters, der ihn endlich unachtsam verließ, sein häusliches Glück den Gevattern,
und der Versammlung der Schenke zu ver-
fündigen. Wie schien sich doch alles zur
Feyer dieses seines glücklichen Tages zu verbinden! Er hörte schon von weitem den
Schall einer muthigen Fiedel. In der Freude seines Herzens vergaß er sein Alter und
tanzte mit Jauchzen der harmonischen Schenke entgegen. Ein ungewöhnlicher Schimmer
umleuchtete heute ihre rostigen Wände ——
Denn das Schicksal vergönnte diesen Abend
den fröhlichen Bauern ein seltnes Vergnügen. Die Schauspielkunst war vor kurzem
mit allem dem Pomp ihrer ersten Erfindung
eingezogen. Welch ein frohes Getümmel!
Welch eine Lust! Ein vielstimmiger Mann
schwebte wie Jupiter unsichtbar über eine lärmende thörichte Welt, lenkte mit seiner Rechten

ten ganze tragische Jahrhunderte und regierte mit gegenwärtigem Geiste die schrecklich-
sten Begebenheiten und Veränderungen der
Dinge, über welche die weisesten Menschen
erstaunen. Itzt sah man hochmüthige Städ-
te, wie sie sich über die Dörfer erheben —
und augenblicklich darauf eingeäschert oder
in einem Erdbeben versunken; Rom und
Carthago, Troja und Lissabon wurden zer-
stöhrt, und der Hellespont schlug über ihre
stolzen Thürme seine Wellen zusammen!
Was hilft es euch, ihr Tyrannen, daß ihr
über Länder geherrscht, arme Bauern gedrückt, und Nationen elend gemacht habt?
denkt ihr wohl der Strafe des Zevs zu ent-
fliehen? Ja, da sieht mans — Hier liegt
nun der grausame Nero in seinem Blute
und wird von seinen eigenen Grenadiren zer-
treten! Bald wird es auch an dich kommen,
du übermüthiger Mann! Heliogabalus!
Pompejus! oder wie du sonst heißen magst —

Seht

Seht nur, wie stolz er einhergeht und alle Leu-
te verachtet, aber Jupiter winkt — und
nun wird er unter Donner und Blitzen von
den Saracenen ermordet. Doch wer kann sie
alle zählen — die Wüthriche, die hier fallen;
und wo wollte ich Worte hernehmen, die blu-
tigen Scenen zu beschreiben, die die gerührten Zuschauer mit lautem Lachen beehren?
Itzt sah man auch das bedrängte Friedrichs-
hall von Carln dem Zwölften belagert!
Schon war die Pistole gespannt, die diesem
schrecklichen Helden das Leben endigen wird —
und schon wurden die Laufgräben geöffnet und
alles war voller Erwartung, als — der alte Verwalter herein trat. Bey seiner längst
gewünschten Ankunft verstummte die Fiedel
— Die große Versammlung der Zuschauer
hob sich von ihrem Sitze — schmiß eine all-
gemeine Bank um und grüßte freundlich den
Alten — Eine Ehre, die vor ihm noch kein
Sterblicher genoß — als allein der ehrwürdige

dige Cato — und die vielleicht nach ihm keiner wieder genießen wird! Dieser Zufall
schob die Belagerung auf — eine glückliche
Pause für Carln! und selbst der Regierer der
Welt stieg itzt in seinen Cothurnen von dem
hohen Sitze des Olymps herunter, und ein
ernsthaftes Stillschweigen der ganzen Natur
forderte den Alten auf, seine glückliche Geschichte zu erzählen. Er that es mit vertrauli-
cher Beredsamkeit, und man hörete ihm zu mit
sichtbarem Erstaunen und stämmte die Hände in die Seiten und schüttelte mit bedenkli-
chen Minen die Köpfe. Aber was leidest
du nicht indeß, bey diesem allgemeinen Ju-
bel, o du armer Verlassener! Welche Menge von vielsagenden Seufzern und welch eine
Fluth von bittern Thränen wurden nicht täglich von Dir der erzürnten Liebe geopfert: aber
sie blieb unerbittlich und der klägliche Liebhaber bezeichnete diesen schrecklichen Zeitpunkt
seines Verlusts mit den größten Trophäen

der

der Schwermuth — mit rothgeweinten Augen und zerrungenen Händen. Und wenn
er die ganze Woche hindurch in der Einsam-
keit seiner verrußten Clause getrauert hatte,
dann winselte er am Sonntage der schlafenden Gemeinde unleidliche Reden vor, und
selbst bey dem theuer bezahlten Leichensermon
verließ ihn seine sonst männliche Stimme.
Vier Jahrgänge hatte er also beschlossen.
Mit zitternden Händen geschrieben und auf
einen Haufen gesammelt, lagen sie in einem
verriegelten Schranke, oft von andächtigen
Würmern besucht, die höflicher für die dankbare Nachwelt sorgten und alle Buchstaben
zerfraßen, als der betrogene Buchhändler,
der so oft mit drolligten Postillen den einfäl-
tigen Freygeist belustigt. Aber die comische
Muse hüpft ängstlich über den heiligen Staub
und über die traurigen Scheduln des Pastors.
Sie soll den glücklichen Traum erzählen, der
ihn, bewillkommend an der letzten Stufe des

B   Jahrs,

Jahrs, mit dem Besitze seiner Geliebten und dem Ende seines schwindsüchtigen Kummers schmeichelte.

In der zwölften Stunde der Nacht, damals, als sich das zwey und sechzigste blutige Jahr des achtzehnten Seculs, von wenig Minuten loszuarbeiten suchte, um sich an die Reihe so vieler vergangenen Jahrtausende zu hängen: So wie der furchtbare Nachtvogel *) auf dessen Rücken die Natur einen Todten= kopf gebildet, sich mühsam aus dem Gefäng= nisse seiner Puppe herauswindet, seine schwe= ren Flügel versucht — und verschwinden würde, wenn nicht ein naturforschender Rö= sel sein Leben verfolgte. — Der pfählt ihn mit einem glühenden Pfriemen gleich nach seiner Geburt, und setzt diesen gräulichen Vo= gel in die bunte Gesellschaft der Schmetter= linge, Heuschrecken und Käfer.

Da

*) S. Rösels Insecten = Belustigung.

Da erschien dem eingeschlummerten Dorf=
pfarrn jener große Verfolger des Pabsts, der
herzhafte Doctor Martinus — lebhaft er=
schien er ihm, wie ihn für alle künftige Zei=
ten Lucas von Kranach gemalt hat. Sein
alter getreuer Mantel, wie ihn die Schloß=
kirche zu Wittenberg sehen läßt, hieng ihm
über die Schultern — aber er floß ihm nicht
mehr wie ehmals ehrwürdig am Rücken her=
ab; denn der Aberglaube hatte davon mehr
Stücken gerissen, als die alles verderbende
Zeit und die Zähne der Motten: Und noch
vor kurzem raubte ein unternehmender Schul=
meister den halben Kragen des Mantels;
In enthusiastischem Hochmuthe glaubt er schon
die Kräfte seiner Eroberung, den Zuwachs
neuer Verdienste und den Antheil an Luthers
unerschrocknem Geiste zu fühlen — Freudig
und dumm geht er zurück in sein Dorf,
schimpft ungerochen den Pabst, und nun ver=
sucht er es auch zuversichtlich an seinem Ge=

B 2   richts=

richtsherrn. Doch siehe da! der arme Betrogene wird bald von seinem eigenen Gevatter,
dem Schöppen, ins Trillhaus geführet, von
allen den jauchzenden Jungen verfolgt, die
nun Feyertage auf eine ganze Woche be-
kommen.

Und der Schatten sprach also zu dem träu-
menden Magister: „lieber Herr Amtsbru-
„der! Oft habe ich mit deinen Thränen mei-
„ne besten Schriften befleckt gesehen und dei-
„ne verliebten Seufzer gehöret, wenn dein
„Fleiß bald eine Stelle der Erbauung aus
„meinen Briefen, bald aus meinen Tischre-
„den eine lustige Geschichte ausschrieb, wo-
„mit du die gähnenden Bauern zu rechter
„Zeit wieder erwecktest.   Warum erröthest
„du? O! schäme dich nicht, mir deine keu-
„sche Liebe zu gestehn! War ich nicht selbst
„der erste unter den Priestern, der es auf
„Paulus Verantwortung wagte, ein zärtli-
„ches Weib zu nehmen? Sollte einem Ken-
„ ner

„ner der Kirchengeschichte, sollte dir unbe-
„kannt seyn, wie ich einst dem neidischen
„Kloster das schönste Fräulein entriß? Ach
„Catharina, Catharina von Bora! wie sehr
„beglückte deine Liebe mein einsames Leben!
„Und du — du verzagst, dem Hofe ein
„Mägdchen zu entziehn, das von keiner ei-
„sernen Thüre verschlossen, von keiner Aebtiß-
„sinn bewacht, und von der Klostergelübde
„weit entfernt ist, eine ewige Jungfer zu
„bleiben? Höre meinen liebreichen Rath:
„Morgen wird die reizende Willhelmine ih-
„ren Vater besuchen. Von keinem Höflinge
„begleitet, wird sie des Mittags zu ihm fah-
„ren — Welch ein bedeutender Wink, den
„die Liebe dir giebt — Folg ihm — erhebe
„dich in Willhelminens Gesellschaft, und er-
„öffne Ihr deine brennende Neigung! Sie —
„die gleich einem leichten Federballe von Hand
„in Hand geworfen — in der Höhe des Hofs
„flatterte — oft mit Schwindel herabfiel

B 3   und

„und wieder in die Höhe gejagt ward —
„Sie — die von den Zofen des ganzen Lan-
„des verfolgt, der Ruh entgegen seufzt — Sie,
„ich schmeichle dir nicht, wird froh seyn, an
„deiner ehrwürdigen Hand den Widerwär-
„tigkeiten der großen Welt zu entwischen —
„und ehe diese Neujahrswoche verläuft, kannst
„du für deine treue Liebe belohnt seyn — aber
„versäume — versäume diese unwiederbring-
„liche Zeit nicht! „

Dieß sagt' er, und wie der scherzen-
de Ovid oft aus den Händen des geistlichen Studenten den heiligen Cyprian ver-
drängt, so verschwand ist der Wittenbergische
Doctor, und Amor erschien an eben der Stelle, und fieng lächelnd die letzten Worte des
geistlichen Schattens auf: „Aber versäume
„diese unwiederbringliche Zeit nicht, ehe der
„feindliche Hofmarschall seine Brunnencur
„schließt, und die Schönheiten wieder auf-
„sucht, die ist sein durchwässertes Herz medi-
„cinisch

„cinisch verachtet. Wasche dich — pudere
„deine beste Perücke; dein schwarzer Rock
„soll dir in deiner Eroberung nicht schaden:
„nur sey so dreust und munter wie ein Kam-
„merjunker; dieser siegt oft auch in der Trauer
„des Hofs, nicht immer im fröhlichen Jagd-
„kleide. „

Nach diesen Worten verschwand der
wahrheitliebende Amor, und die an Wie-
derholen gewöhnte Seele des theuern Magisters wiederkäuete noch dreymal diesen glücklichen Traum, und er hatte ihn im frischen
Gedächtniß, als er aufwachte.

Zwey-

Zweyter Gesang.

Die neue Sonne rollte den jungen Tag des Jahres herauf. Ihr ungewohnter Blick übersah schüchtern die Planeten, die Sie bescheinen sollte, und nun wandte Sie auch Ihr unschuldiges Gesicht zu unserer Erdkugel. Ein Heer vorausbezahlter Gratulanten jauchzt' Ihr entgegen, andre — unglücklicher, zerrissen das Neujahrsgedicht, seit dem frostigen September geschmiedet; denn ihr alter Mäcen ist den heiligen Abend vorher gestorben, und hinterläßt geizige Erben, die den Apoll samt den Musen verachten und ungeheißene Arbeiten niemals großmüthig belohnen. Verjährte Rechte, drohende Wechselbriefe, erfüllte Hoffnungen und erseufzte Majo-

Majorennitäten drängten sich auf den Strahlen des neuen Lichts in das beunruhigte Herz
der erwachten Sterblichen. Aber friedliebend
und sanft wirkt Sie, die mächtige Sonne,
auf die Felsenherzen der Großen und in die
morschen Gebeine der Helden, die itzt voller
Neigung zur Ruhe sich beschwerlich von ihren Lagern erheben, um ihre Wunden verbinden und die Merkmaale ihrer Tapferkeit
vernähen zu lassen. Stolz auf ihr Elend be-
hängen sie den krüpplichen Körper mit den
bunten Zeichen des gnädigen Spottes der
Fürsten, mit dem theuern Spielwerke von
Kreuzen und Bändern; und die Empfindung
ihres Heldenlebens wüthet in jeglicher Nerve.
Betäubt von den murrenden Wünschen der
Thorheit und von den lauten Seufzern des
Unglücks, stund die Sonne in wehmüthiger
Schönheit am Himmel, fürchtete sich, länger
herab zu schauen, und versteckte sich oft hinter ein trübes Gewölke. So steht ein blü-

B 5   hen-

hendes unschuldiges Mägdchen, zu arm ihr
junges Leben zu erhalten, vor der versammel-
ten Schule der Mahler, und verräth die ge-
heimsten Schönheiten der Natur, für einen
geringen unbilligen Preis, der Betrachtung
der Kunst. In schamhafter Einfalt versteckt
sie ihre mächtigen Augen hinter einer ihrer
jungfräulichen Hände, indem sie mit der andern das letztere neidische Gewand von sich
legt, das ihre Reize verbarg, und nun —
ängstlich erwartet sie nun den Verlauf der
verkauften Stunde. Die geschicktesten Jüng-
linge zittern bey dem Anblicke der unverhüll-
ten schönen Natur, und ihre sonst gewisse
Hand zeichnet Fehler auf das gespannte Papier. Der minderjährige Knabe allein über-
trifft hier seinen Meister; denn in seinem kleinen noch fühllosen Herzen liegen jene sympa-
thetischen Trieb' unentwickelt, und seine Hand
lernt eher der Kunst, als jenes der Liebe gehorchen. Und der hoffende Pfarrherr gieng

in

in der Frühe zu Nicklas, dem Verwalter,
wünschte ihm ein fröhliches Neuesjahr und
ließ sich wieder eins wünschen; dann erzähl-
te er ihm seinen nächtlichen Traum bündig
und kürzlich — denn die gebiethenden Glocken
hatten schon zum drittenmale geläutet, und die
gepuzte Gemeinde sah sehnlich ihrem Herrn
Pastor mit seinem Neujahrswunsche entgegen.
Ach wie fröhlich klopfte nicht Nicklas dem
Herrn Magister die Achsel, und zweifelte gar
nicht an der Erfüllung des Traums. Hurtig
bestellt' er die Küche, damit sie, würdig des
lieben Besuchs, viele schmackhafte Gerichte
den Mittag zu liefern vermöchte. Er bath auch
den werthesten Träumer zur Tafel, und gieng
an seiner rechten Seite, mit ihm vertraulich
zur Kirche. Der künftige Herr Schwiegersohn
hielt eine erbauliche Predigt, bis unter Sin=
gen und Bethen die Mittagssonne hervortrat.
Schon eilte die buntschäckige Gemeinde mit
gesättigter Seele und hungrigem Magen nach
Hause,

Hause, als die gehoffte Carosse zur Höhe des Dorfs hereinschimmerte. Wie eilte nicht der räppenfärbichte Herr, den sechs Schimmeln vorzukommen, um auf Befehl des Traums die Schöne aus dem Wagen zu heben. Keichend schmählt er auf sich, daß er so lange geprebigt, aber dennoch überholt' er die rollende Kutsche, und er empfing die holde Willhelmine an der Thüre ihrer vormaligen Wohnung. Von dem Zuruf ihrer herzugelaufenen Bekannten begrüßt, reichte sie, nicht mehr als eine Nymphe des Dorfs, ihrem unerkannten Liebhaber die Hand mit kostbaren Ringen gezieret, und sagte höflich zu ihm: Wie geht es, werther Herr Pastor? Darauf umarmte sie ihren alten weinenden Vater, der vor der Hofstimme der Tochter erschrack, und nicht wußte, ob er mit seiner bäurischen Sprache ihre Ohren beleidigen dürfte. Noch scheuer und in einem unaufhörlichen Bücklinge stund ihr Liebhaber vor ihr,

und

und hustete immer und sprach nichts. Lange
getraute er sich auch nicht, sie anzublicken;
denn ihr hüpfender Busen, von keinem länd-
lichen Halstuche bedeckt, war ein zu ungewöhnlicher Anblick für ihn, und setzte seine Nerven in ein fieberhaftes Erzittern.
Mit zufriednem Mitleiden beobachtete Willhelmine den Einfluß ihrer Person, und
riß endlich Vater und Liebhaber aus ihrer
Betäubung.   Ihre harmonische Stimme
bildete manche vertraute Erzählung, bald von
den Freuden des Hofs, von englischen Tän-
zen und überirdischen Opern und von den
unnützen Verfolgungen ihrer Amanten; bald
aber auch bejammerte sie mit nachdenkender
Stirne den steten Wechsel des Hofs und den
Ekel, der, ein unermüdeter Verfolger aller rauschenden Ergetzungen, hinterlistig dem
taumelnden Höflinge nachschleicht — und
da wünschte sie sich — Welch ein Vergnügen für den horchenden Priester — einst
wieder

wieder mit Ehren zur glücklichen Stille des
Landes zurück. Unter diesen anmuthigen
Gesprächen, wovon meine Muse nicht die
Hälfte verräth, setzte sich diese liebe Gesellschaft vertraulich und ohne Gebethe zu Ti-
sche. Erschrocken dachte zwar der Magister
daran, doch durft' er es itzo nicht wagen,
sich wider die Gewohnheiten des Hofs zu
empören. Um das Mittagsmahl zu ver-
herrlichen, hatte die schöne Tochter des Hau-
ses vier Flaschen köstlichen Weins mitge-
bracht — Sie öffnete eine davon, und
schenkte mit wohlthätigen Händen ihrem Liebhaber und Vater, schäumende Gläser ein.
Lange besah der Magister das unbekannte
Getränke, kostete es mit der Mine des
Kenners und ließ doch sein Feuer verrau-
chen! Endlich fragte er pedantisch — Liebe Mamsel, für was kann ich das eigent-
lich trinken? Lächelnd antwortete sie: Es
ist von unserm Burgunder. Nach ihm

setzte

ſetzte man auch eine langhälſichte Flaſche des
ſtillſcheinenden bleichen Champagners auf
die Tafel. Schon ganz freundlich durch den
Burgunder, reichte ſie der Magiſter den be-
fehlenden Händen der Schöne: aber er wä-
re bald vor Schrecken verſunken, als der be-
trügeriſche Wein den Stöpſel an die Wand
ſchmiß, und wie der vogelfreye Spion, der
ſich einſam und ſicher in dem Walde geglaubt
hat, durch den Mörſer eines feindlichen
Hinterhalts aus ſeiner Ruhe geſchreckt wird
— ſo betäubte der ſchreckliche Knall die Ohren des zitternden Paſtors. Erſt auf lan-
ges Zureden und hundert Betheurungen der
Schöne, trank er den tückiſchen Wein, und
er empfand bald deſſen feurige Wirkung;
denn nun öffnete der laute Scherz und der
wiederkehrende Witz ſeine geiſtigen Lippen —
Antitheſen und Wortſpiele jagten einander,
und da gewann er auf einmal den ganzen
Beyfall der artigen Willhelmine, wie ihm
ſein

sein wahrhafter Traum vorher verkündigt
hatte. Itzt erschrack er nicht mehr vor dem
aufrichtigen Busen, den er selbst belebender
fand, als den brausenden Champagner —
Dreymal hatt' er mit lüsternen Augen hin-
geschielt, da ward er so dreust und wagte es,
von dem alten Verwalter unterstützt, das
Herz der englischen Kammerjungfer zu be-
stürmen. So viel Waffen der Liebe als
nur seine unerfahrne Hand regieren konnte; so viel als ihm nur zärtliche Blicke
und gefälliges Lächeln zu Gebothe stehen
wollte, verwendete er auf die Hoffnung einer geschwinden Eroberung. Welch eine
Verschwendung von süßen zärtlichen Worten! Erstaunt sah Willhelmine ihren drin-
genden Feind an, und dreymal wankte sie —
aber ein geheimer Stolz und die Rücksicht
auf den prächtigen Hof erhielt sie noch,
bis ihr endlich Vater und Liebhaber, immer einander unterbrechend, das Wunder

des

des Traums entdeckten — Denn da erkann=
te sie selbst in allen die sichtbaren Wege des
Himmels und ihren Beruf, und durch die
Beredtsamkeit des Pastors bekehrt, entfern=
te sie allen Zwang des Hofs von ihren offen=
herzigen Lippen: Wohlan! sagte sie, nach=
dem sie in einer kleinen freundlichen Pause
die Beschwerden und die Vortheile des Hy=
men gegen einander gehalten, und noch die
reife Ueberlegung auf ihrer hohen Stirne
saß — „Wohlan! ich unterwerfe mich den
„Befehlen meines Schicksals; ja, ich will
„selbst mit Vergnügen das unruhige Leben
„des Hofes mit den Freuden meines Ge=
„burtsorts vertauschen, und da Sie mich ein=
„mal lieben, Herr Pastor, so würd' es un=
„zeitig seyn, spröde zu thun — ich sehe
„die Ungeduld Ihrer Neigung auf Ihrem Ge=
„sichte! Kommen Sie her, mein Gelieb=
„ter, und — Welch ein Triumph für ei=
nen Unerfahrenen, der nie den Ovid und

C

das

das System einer versuchten klugen Len-
clos gelesen — „küssen Sie mich, und neh-
„men Sie zum Zeichen unserer Verspre-
„chung diesen Ring an!„ Und mit unaus-
sprechlichem Vergnügen kam der schwerfäl-
lige Liebhaber gestolpert — küßte sie dreymal, und macht' es zur Probe recht artig. Sie steckt' ihm einen Demant, in
Form eines flammenden Herzens, an das
kleinste Glied seines Fingers, und Er —
welcher Tausch, hätt' ihn nicht die dulden-
de Liebe gerechtfertigt — überreichte Ihr
einen ziegelfarbenen Carniol, worein ein An-
ker gegraben. Nun brachte jede Minute
neuen Zuwachs an Liebe und Vertrauen
in ihre verbundene Gesellschaft, und frohe
Gespräche von ihrer baldigen Hochzeit be-
schäfftigten ihre unermüdeten Lippen — Da
sagte Willhelmine diese merkwürdigen Worte: „Morgen, wenn die Göttinn der Ca-
„bale auf den feuchten balsamischen Wol-
„ken

„ken des dampfenden Thees, nachdenkend
„an den kostbaren Plafonds herumzieht und
„ihre Anbether ermuntert, und wenn die
„eigensinnige Göttinn der Mode ihren Lieb-
„ling, den Schneider, zu wichtigen Confe-
„renzen der Staatsräthe geleitet, oder Da-
„mit Sie mich deutlich verstehen: Mor-
„gen, wenn es früh Zehne geschlagen, so rü-
„sten Sie sich, mein Geliebter, und ma-
„chen Sie Ihre schuldige Aufwartung bey un-
„serm Hofmarschall; Bitten Sie ihn in de-
„müthiger Stellung um die Erlaubniß zu
„meiner baldigen Heurath! Ich selbst will
„ihn noch heute zu diesem Ihrem Besuche
„bereiten, und so werden Sie dann Mor-
„gen gar keine Schwierigkeit finden. Er ist
„der beste Herr von der Welt; und wenn
„meine Bitten, wie ich aus guten Gründen
„mir schmeichle, etwas bey ihm vermögen,
„so geben Sie Acht — so soll er selbst bey
„unserer Hochzeit erscheinen, und durch sei-

C 2   „ne

„ne ehrende Gegenwart unser Fest anſehnli-
„cher machen: Itzt aber theilen Sie, ohne
„Complimente, den Platz in meinem zwey-
„ſitzigen Wagen, damit Ihnen der Weg
„nach einem fürſtlichen Hofe nicht eben ſo
„ſauer ankommen möge, als der benebelte
„Steinweg zu Ihrem Filiale!„ Zärtlich
und ſüß verſprach der gehorſame Liebhaber
ihr in allem zu folgen, und an der Hand
ſeiner Geliebten verließ er itzt ſein trauriges
Kirchſpiel. Wer weiß, wie viele nicht in-
deſſen dieß Dorf und die Welt ohne ſeinen
Abſchied verlaſſen, und wie viele darinnen
ankommen, die bey ihrer Geburt weder von
dem Lächeln einer Melpomene, noch von
dem ſtärkenden Anblick des Paſtors, begrüßt
werden!

Nach drey kurzen hinweg geplauderten
Stunden waren die beyden Verliebten in
den Mauern der Reſidenz. Der ehrwürdige Fremde begab ſich unter den Schutz
des

des wirthbaren Hirsches, und Braut und
Bräutgam trennten sich hier bis auf ein
glückliches Wiedersehn, mit höchst zärtlichen
Küssen. Welche triumphirende Freude durch-
strömte nicht itzt das Herz des verliebten
Magisters, als er sich, seinen Betrachtun-
gen überlassen, in dem weiten Zimmer des
Gasthofs allein sah! — Eine ganz andere
Empfindung seines Glücks, als er selbst an
dem vergnügten Tage seines überstandenen
Examens nicht gefühlt hatte! Denn damals
machte der Präsident seinem stotternden Ge-
schwäße, durch ein ungehofftes Bene, ein
freudiges Ende, und die gelehrten Herren
Beysitzer widersprachen es nicht. Sollten sie
etwan durch lange Untersuchungen sich um
die kurzen Lustbarkeiten der Messe und den
schwitzenden Candidaten ums Amt bringen?
O nein! Aus Menschenliebe hofften sie, er
würd' es schon löblich verwalten, und sie
überließen die Seelen der Bauern seiner Treue

C 3   und

und Gottes Barmherzigkeit. Mit mehrerm Rechte freut' er sich itzt, und schmei-
chelhaft fragt' er sich: Ist es nicht dein ei-
genes Verdienst, das spröbeste Mägbchen in
einem Nachmittage besiegt zu haben? Wie
wohl that ich, daß ich meinem prophetischen
Traume zu folge, mich so dreust und munter bezeigte, wie die vornehme Welt es verlangt. Ach welch eine Liebe für mich muß
nicht in der Brust meiner Willhelmine erwacht seyn, da sie sich so eilig entschließt,
den prächtigen Hof zu verlassen, um einem
armen Dorfprediger zu folgen, dessen alt-
fränkische Wohnung — wer weiß wie manche Reformation überlebt hat.

Schon tönte der Wächter seinen letzten
Nachtgesang, in einem tiefen verunglückten
Baß — hüllte sich in seinen Schafpelz und
beurlaubte sich von der Stadt. In gehöri-
ger Entfernung schlichen die Spötter seiner
Aufsicht, die glücklichen Diebe, ihm nach,
weckten

weckten den Thorschreiber auf, und erreichten
bald das sichere Gehölze: Und am Horizont
fieng schon der Tag an zu grauen, eh' unser
Verliebter einschlafen konnte. Wie war es
auch möglich? Auf allen Seiten verfolgten
ihn Unruh und Schrecken. Gleich höllischen
Gespenstern rasselt' unter ihm mit Ketten der
böhmische Fuhrmann: doch Gedanken der
Liebe machten noch einen größern Tumult in
seinem zerrütteten Herzen. Aus Mattigkeit
fiel er endlich in die Arme des Schlafs —
Doch auch der Schlaf eines Verliebten ist
Unruh — Denn so bald er das Bellen der
Hunde und das Rasen des Windes nicht mehr
deutlich vernahm, so bemächtigten ängstli-
che Ahndungen sich seines Gefühls. Bald
träumt' er — seine berauschte Seele erhä-
be sich über das Zenith und begrüßte unbekannte Gefilde — Dann glaubte er wieder in einen bodenlosen Abgrund zu stürzen,
schrie — sträubte sich — stieß sich an den

schla-

schlafenden Scheitel, und erwachte in einem
plötzlichen Schrecken. So steigt ein lustiger
Schwärmer durch die dunkle Nacht in einem
Wirbel empor — wirft freundliche Stern-
chen von sich, und brauset unter den Wolken;
bald darauf sinkt er — nun sinkt er — en-
det sein kurzes Geräusch, und zerplatzt mit einem lächerlichen Knall.

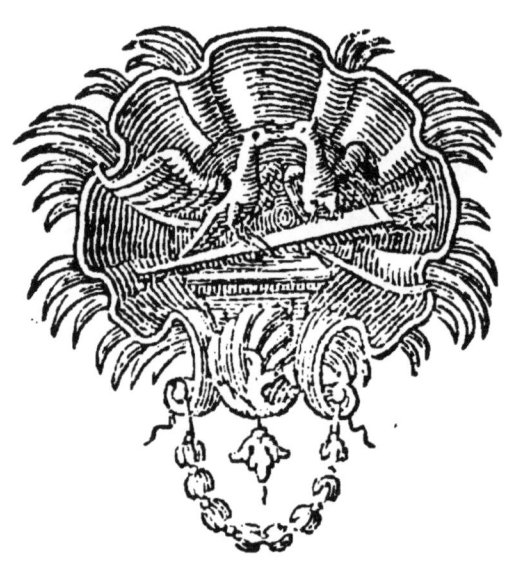

Dritter

Dritter Gesang.

Schon blißten die Strahlen der Sonne,
ein Schauspiel unserer itztlebenden
Neutons, auf dem leeren Kopfe des Thur=
mes und der gepußten Coquette, die wie ein
wachsamer Feldherr schon früh mit dem sor=
genden Gedanken ausgieng, welchen Posten
sie heute besetzen, und welches Bollwerk sie
heut' erstürmen sollte. Alle berühmten Schlä=
fer der Residenz, alle Hofjunker und Staats=
räthe waren erwacht. Einige verschluckten
levantischen Coffee und blätterten im Herrn
und Diener, *) oder bezeichneten, um nach
vollbrachtem Tage weiter zu lesen, dankbar

C 5   die

*) Eine bekannte Schrift des Hrn. von Moser.

die rührende Stelle, bey der ihnen den Abend
vorher — die Gedanken in Schlaf übergien-
gen. Mit edelm Eifer übten sich andere im
Stillen die Zahlen der Würfel zu lenken,
oder durch geschwinde Folten (ein mystisches
Wort) sich über allen Wechsel des Glücks zu
erheben. Die von flüchtigerm Geblüte flat-
terten schon über das Pflaster, um die blaf-
sen Fräuleins an der Toilette zu besuchen,
und ihnen durch mächtige Scherze rothe
Wangen zu schaffen. Aber noch immer
schnarchte der müde Magister; ja! er würde
gewiß den Endzweck seiner Reise, den so
wichtigen Besuch bey dem Hofmarschall,
verschlafen haben, hätte ihn nicht die käufi-
sche Stimme eines bärtigen Juden erweckt,
der dreymal schon vergebens an die Stubenthüre klopfte.

Haben Sie etwas zu schachern? schrie der
Ebräer gewaltig hinein, daß die Fenster
erklangen, und der betäubte Magister in
die

die Höhe fuhr. Der Ungläubige floh — er=
schrocken sah der schläfrige Christ nach seiner
tombackenen Uhr, erstaunte, daß es so spät
war, und warf sich schleunig in seinen bepu=
derten Schwarzrock. Halb träumend lief er
über die Gassen und ohne Vorbereitung, den
Complimenten des Hofmarschalls entgegen.
Aber welche Muse beschreibt mir den Einzug
des frommen Pedanten, in das vergoldete
Zimmer des glänzenden Weltmanns? In
einem Schlafrocke von Stoffe, der, o Wun=
der! von eben dem Stücke war, das auch
Willhelminen ein Brautkleid geliefert, em=
pfieng er den Pastor mit offner Stirne und
satyrischer Mine, die sein schlauer Diener
verstund, der hinter dem Rücken des armen
Magisters die galante Falschheit wiederlä=
chelnd bewunderte. Mit Husten und Scharr=
füßen suchte der Supplicant den Eingang zur
Rede; aber als Ceremonienmeister trat der
bellende Melampus ihm entgegen — nö=

thigte

thigte ihn stille zu stehen, und zerstreuete
die hervorquellenden Worte, daß sie un-
gehört vom Hofmarschall sich an den Spie-
geln zerstießen, und ihr Wiederhall den
bethenden Pfarrherrn in Angst und Schrecken versetzte. Endlich legte des Hofmanns
mächtige Stimme dem ergrimmten Cerbe-
rus Stillschweigen auf — Gehorsam kroch
er zu den Füßen seines Herrn, und leckte
schmeichelnd den saffianen Pantoffel. Darauf wandte sich die Rede zu dem immer
sich bückenden Verliebten: „Ich weiß schon
„Ihr Anbringen, lieber Herr Pastor, ist
„es nicht wahr? Sie wollen uns unsere
„Willhelmine entziehen? das schönste und
„ehrlichste Mägdchen in diesem ganzen Ge-
„biethe! Habe ich es nicht errathen, Herr
„Pastor? Schon gestern hat sie mir selbst
„Ihre Lieb' eröffnet, und mit verschämtem
„Gesichte um den glücklichen Abschied ge-
„bethen. Wohlan! Ich werde kein Hinder-
niß

„niß ihrer Neigung und bescheidenen Bit-
„te in den Weg legen, wenn Sie mir
„anders eine kleine Bedingung versprechen
„— Werden Sie nicht unruhig, Herr
„Pastor! Es hat mich unsere Willhelmi-
„ne gebethen, morgen selbst bey Ihrer
„Hochzeit zu erscheinen — Mit Vergnü-
„gen will ich auch kommen, und will selbst
„eine Gesellschaft versammeln, die Ihren
„Ehrentag glänzender machen wird, als ei-
„ne Kirchmeß — eine Gesellschaft, die mei-
„nem Stande gemäß ist — wenn Sie
„— Denn dieß sey die Bedingung —
„Wenn Sie die Tochter des alten Grafen
„von Nimmer vermögen, dieses Fest zu be-
„leben. Er — der Ihr Nachbar ist, und
„oft vor Ihrer Kanzel erscheinet, wird sich
„nicht weigern, seine holde Clarisse, auf
„die Hochzeit eines erbaulichen Predigers
„fahren zu lassen }— Der Comtesse aber
„sagen Sie heimlich: Ich würde darbey
„seyn.

„seyn. Auf meinen Befehl, der über die
„fürstliche Küche gebiethet, sollen alsdann
„hundert fette Gerichte Ihre hochzeitliche
„Tafel schmücken, und Madera — Rhein-
„wein — Champagner und ächte Heremi-
„tage sollen in Ueberfluß fließen, wie in
„der heiligen Versammlung der Cardinä-
„le, wenn sie eine ganze lange Woche hin-
„durch, in dem einsamen Conclave sich wei-
„se gehungert, und nun das Oberhaupt der
„Kirche durch ein entscheidendes Habet —
„habet — gewählt ist. „

Wie vergnügt hörte nicht der Verliebte
diese freundlichen Reden — Gern und ohne Anstand versprach er, diesen leichten Befehlen zu folgen, um sich der hohen Ehre und Gnade würdig zu machen. Darauf nahm er Abschied und schnappte nach
dem Zipfel des Schlafrocks: aber mit höflichen geübten Händen schlug der Hofmarschall beyde Theile zurück, strich mit dem
Fuße

Fuße aus, und empfohl sich dem Schwarz-
rocke. Bald nach ihm trat Willhelmine herein, und brachte ihrem gnädigen Gönner
Chocolade mit perlendem Schaume; da gab
ihr der Marschall das Document ihrer Tugend, den ehrlichsten Abschied, sauber auf
Pergament geschrieben, und siehe da! welche großmüthige Gnade! Er umarmte sie
mit gefälligen Händen, und küßte sie zärtlich. Eine ganze sapphische Empfindung
strömte durch ihr dankbares Herz, und trieb
ihren wallenden Busen empor, daß der
blaßrothe Atlas zu knistern anfieng, der ihn
weit unter die Hälfte umspannte. Ach welch
ein reizender Busen! o scherzhafte Muse
beschreib ihn! Auf seiner linken Erhöhung
lag ein mondförmiges Schönfleckchen an-
geheftet durch Gummi, von dem ein kleiner Liebesgott, immer mit drollichten Re-
veren-

verenzen die Blicke der Grafen und Läufer — Laqueyen und Freyherren auf sich
zog. Aber itzt erhob sich dreymal die warme bebende Brust, und trennte die ge-
dörrte Musche vom Gummi. Der kleine
Liebesgott — mit sammt seinem Gerüste,
fiel — zwischen der Schnürbrust — un-
aufhaltsam hinunter, daß die Schöne schrie,
und der ernsthafte Hofmarschall wirklich
zu lachen anfieng. So fällt ein prahlen-
der Zahnarzt unter die morschen Trüm-
mer seines Theaters, indem er mit stam-
pfender Beredtsamkeit dem Pöbel winkt,
sein Rattenpulver zu kaufen. Sein er-
bärmlich Geschrey, und das laute Lachen
des Volks betäuben den Jahrmarkt, wenn
ihn nun aus dem theuern Schutte sein
buntschäckichter Diener hervorzieht.

Mit

Mit einer bedeutenden Röthe, rauschte bald die schöne Verlobte in die Versammlung der übrigen Zofen des Hofs, die schon ihre glühenden Wangen beneiden, aber Willhelmine vollendet ihrer aller Verzweiflung, als sie ihnen den papierenen Triumph zeigt, den sie itzt vom Hofmarschall erhalten. Aeußerlich klagen sie zwar ihre verkaufte Gespielinn: „Ach du armes verblendetes Mägdchen! So willst du „denn fern von den Freuden des Hofs, „und fern von deinem verbrämten Amanten, in der Einöde des Landes dein junges Leben verseufzen — und nur von „Bauern bewundert, den stolzen Busen erheben? So willst du denn in einer dunkeln geistlichen Hütte, als Frau Magisterinn wirthschaften? Ach du armes verblendetes Mägdchen! „

D   So

So klagten alle die Zofen, den Abschied der erweichten Willhelmine, aber heimlich wünschte sich jede, bald auch so beweinet zu werden, und in den sichern Armen des weiblichen Schußgottes, des Hymen, den Wechsel des falschen Hofes zu lachen.

Vierter

Vierter Gesang.

Auf den Uhren war schon der Mittag vorüber, aber in den Häusern der Grossen brach er erst mit festlichem Pomp' aus der Küche hervor — Hekatomben rauchten ihm — Denn die mittägliche Sonne hat noch nicht ihre Anbether verloren — Mit mehrerm Eifer, als wohl jemals ein ägyptischer Priester gehabt, feyern sie täglich ihr Fest, mit sonnenrothen Gesichtern, bis das wohlthätige Licht den Kreis verläßt, und nun die stille Venus vom nächtlichen Himmel herabblinkt. Da erhub der gesättigte Pfarrherr seine gestiefelten Beine, und trat mit zerstreuten Gedanken seinen bestimmten zwo Meilen langen Weg an; Die alles

ver-

vermögende Liebe hatt' itzt den gelehrten Magister zu einem gemeinen Bothenläufer erniedrigt, und er mußte, welche sonderbare Bedingung — als sein eigner Hochzeitbitter, noch ein zweytes Jawort erbetteln, ehe sie ihn glücklich zu machen versprach. Der hochbeschneyte Weg ermüdete seine Knie, und die duftende Kälte candirte seinen schwarzen Bart, und bracht' ihm Zahnweh. Aber noch ein größeres Uebel, als Zahnweh und Müdigkeit, lauerte in dem nahen Walde auf ihn. Welcher boshafte Genius war es, der in Gestalt eines Holzhackers, dem Priester entgegen kam? Ein unschuldiges unbekümmertes Gesicht, die Larve der Heucheley, betrogen den heiligen Wanderer. „Guter Freund! redete er ihn vertraulich an, „sagt mir doch, ist dieses die rechte Stras„se nach Rennsdorf, dem Rittersitze des al„ten Grafen von Nimmer?„ Ehrerbiethig nahm itzt der Boshafte vor dem Schwarz

rocke

rocke den Huth ab und sagte: „Wer Sie
„auch sind — ehrwürdiger lieber Herr,
„so beklage ich Sie doch herzlich; denn die-
„ser falsche Holzweg, auf welchem Sie
„wandeln, wird Sie weit von Rennsdorf
„ablocken; und wenn endlich sich die Schreck-
„nisse der Nacht über diese Heyde verbrei-
„ten, so müssen Sie Ihren ermüdeten Kör-
„per einer abgelegenen Schenke — einer
„Spißbubenherberge vertrauen.„ Da schlug
der erschrockene Magister seine haarichten
Fäuste zusammen. Lieber würd' er auf einem Ameishaufen geschlafen, oder wie ein
Zigeuner, den Anbruch seines Hochzeitfestes
in einer hohlen Weide erwartet haben, als
daß er einer Schenke das Vorrecht ge-
gönnt hätte, seine geweiheten Glieder zu
bedecken. „O mein Freund, rief er, den
„mir noch zu rechter Zeit ein guter En-
„gel entgegen schickt, ach entfernt mich doch
„eilig von diesem Fußsteige, der meine Ge-

„beine

„beine umſonſt ermüdet, und zeigt mir
„den richtigen Weg, und nehmt im vor-
„aus für eure Bemühung ein dankbares
„Trinkgeld an!„ Hier zog er — gleich
einer alchymiſtiſchen Phiole, einen langen
Beutel heraus, der in der Farbe der Hoffnung künſtlich geſtrickt war. Ein billiger
Zwiſchenraum ſcheidete dreyßig Ephraimi=
ten von einer güldenen Madona. Ihres
innern Werthes gewiß, erwartete ſie ruhig
ihr verzögerndes Schickſal, da ſich indeß
der jüdiſche Haufe mit Geräuſche bis an
die Mündung des Beutels drängte, um
bald erlöſet zu werden, und in einem un-
gewiſſen Courſe betrügeriſch zu wuchern.
Doch — indem noch der Paſtor die großmüthige Belohnung und das Verdienſt eines Wegweiſers berechnet, ſo verſchwindet
Baarſchaft — Tagelöhner und Beutel,
und der Gott der Kaufleute und Diebe,
verbirgt den Raub und den hurtigen Räuber

ber in den Finsternissen des Waldes. Nun
erfüllt' eine lange unharmonische Klage des
armen Magisters die Luft: „O du treu-
„loser Verräther, so schrie er, wenn du
„auch — der du einen Priester berau-
„best, den Dreyangel des Galgens, der
„Kuhhaut und den glühenden Zangen ent-
„fliehst — so wird dich doch dein böses
„Gewissen und mein Fluch verfolgen, daß,
„wenn das eiskalte Fieber deine Glieder
„zerrüttet, dir keine bittere Essenz, und kein
„Kirchengebeth helfen soll, wenn du es
„auch mit einem Gulden bezahltest. Un-
„andächtig gesprochen, wird es in der
„Atmosphäre der Kanzel zerflattern, wie
„unser Gebeth für den Römischen Kaiser
„und aller weltlichen Obrigkeit.,, So schrie
er und erholte sich langsam unter einer
überhangenden Eiche. Ungewiß durch die
Lügen des Räubers, ob dieses der rechte
Weg sey, überließ er sich furchtsam sei-
D 4   nem

nem Verhängnisse: doch die tröstende Liebe leitete seine zweifelhaften Füße durch die
finstere Nacht glücklich in das labyrin-
thische Schloß des Grafen. Der zeitige
Schlaf, und ein süßer Traum von einem
Capaune mit Austern, beherrschte schon den
alten Gerichtsherrn, und es schliefen auch
schon seine alten Bediente, ob es gleich
erst Neune geschlagen. Des ankommenden
Fremdlings ehrwürdige Krause flößte dem
Wächter des Hofs die schuldige Achtung
ein, daß er ihn, nachdem er sein Verlangen erforscht, bis an die Stube der
jungen Gräfinn begleitete. Mit ihrer ver-
trauten Zofe, Sibylle genannt, saß die
muntere Comtesse, den einen ihrer niedli-
chen Aerme, auf ihrer verschobenen Toilette gelehnt, und in der andern hielt sie einen vergoldeten zärtlichen Brief, den sie
erst itzt an den Hofmarschall, ihren Geliebten, geschrieben. Sie las ihn mit ge-
dämpfter

dämpfter Stimme ihrer critischen Freun=
dinn vor, die aufmerksam zuzuhören schien,
und unmerklich nur gähnte. Aber wer
kann das Schrecken beschreiben, das die=
se zwo weiblichen Seelen ergriff, als der
gekrümmte Zeigefinger des verspäteten Pa=
stors an die Stubenthüre donnerte. Sie
glaubten gewiß, ein prophetischer Verdacht
habe die zänkische Gouvernantinn erweckt,
die wie ein Policeyverwalter alles Unrecht
entdeckte, und dem alten Grafen verrieth.
Mit angenommener Freymüthigkeit, geboth
die betroffene Comtesse ihrer Zofe, die ver=
schlossene Kammerthüre hurtig zu öffnen:
doch ihr furchtsamer Wink widersprach ih=
rem geschwinden Befehle — Die kluge Si=
bylle verstund ihn, gieng langsam zu Wer=
ke, klapperte scheinbar an der Thüre, und
schmählte entsetzlich auf das strenge ver=
rostete Schloß, da indeß ihre Gebietherinn
die nöthige Zeit gewann, mit Eau de

Le=

Levante ihre Hände zu waschen, die hier und da von der verrätherischen Dinte noch glänzten, und auch den anklagenden Brief aus dem Wege zu schaffen. Mit gegenwärtigem Geiste, o wie liebenswürdig! ergriff sie ihn, zerquetschte seinen durchsichtigen Cavalier und das Posthorn, und klein gedrückt, wie eine übelschmeckende Pille, warf sie ihn hurtig unter das Bette; Aber wie dauerte ihr nicht der wohlgeschriebene Brief, als nur der nachbarliche Herr Pastor zur Kammerthüre hereintrat. Einen solchen Wechsel von heftigem Schrecken und stiller Betrübniß empfand einst der freygeistische Desbarraur, als er sich zur Fastenzeit einen Eyerkuchen erlaubte: Schon hatte sein erzkatholischer Diener, blaß wie der Tod, das verbothene Gericht auf die einsame Tafel gesetzt, als ein geschwindes Gewitter am Himmel heraufzog, und ein erschrecklicher Schlag die näschichte Seele

betäub-

betäubte, und ihm den ersten Bissen im
Munde zu Galle verwandelte. Was das
für ein Lärmen, um einen Eyerkuchen ist!
schrie er halb unwillig, halb furchtsam; er=
griff das rauchende Essen, und warf es
im Eifer auf die beregnete Gasse; Aber
wie dauerte ihm nicht das verlohrne gute
Gericht, als das Gewitter vorüber gieng!
Beschämt warf er sich seine zaghafte Eil=
fertigkeit vor, und quälte aufs neue den
abergläubischen Koch, ihm ein anderes zu
backen.

Kaum hatte der keichende Pfarrherr sei=
ne ermüdeten Füße von dem niedrigen Arm=
stuhle gestreckt, und mit gnädiger Erlaub=
niß die beklemmende Weste geöffnet, so
verrichtete er seinen Auftrag mit der un=
nöthigen Vorsicht eines Pedanten; Er li=
spelte heimlich der Gräfinn und ihrer Ver=
trauten dieß anbefohlne Geheimniß ins Ohr:
Der gnädige Herr Hofmarschall werde da=
bey

bey seyn — und keine, nein keine, als die gegenwärtigen Seelen, konnten diese mysti-schen Worte vernehmen.

Welch ein Tiefsinn bedeckt' izt mit den Fittichen der Mitternacht das Cabinet der schönen Clarisse! Ihre erfindungsreiche Lie-be stritt immer mit der schwerfälligen Ein-sicht des Magisters: doch beyde mußten sich der Erfahrung eines grauen Kam-mermägdchens unterwerfen. Anschläge wur-den gefaßt, untersucht, und durch neue ver-drängt! lange gieng das wichtige Project, wie ein Würfel im Kreislaufe herum; ehe die ältliche Zofe mit der verschmitzten hohen Mine eines versuchten Ministers, ihre Gedanken in folgenden klugen Wor-ten entdeckte! „Izt, ehrwürdiger Herr, da „sich Ihre Augen nach Ruhe sehnen, so „hören Sie kürzlich meinen unmaßgeblichen „Vorschlag: Meine willige Stimme soll izt „dem Wächter des Hofes befehlen, daß sein
„siche=

„ſicheres Geleite Sie, den Windhunden vor-
„bey, in die Stube führe, die unſer Haus=
„hofmeiſter bewohnet. Dieſer wird gern ei-
„ne Nacht ſein Bette mit Ihnen theilen,
„und morgen meldet er Sie bey dem gnä-
„digen Grafen. Dann gehen Sie nur un-
„erſchrocken zu dem alten Papa; er wird
„Sie gewiß Ihrer Bitte gewähren; denn
„er liebet Sie von Herzen, und Ihre kla-
„genden Jahrgänge haben ſeine hypochon-
„driſche Bruſt mit Ehrfurcht für Sie, Herr
„Paſtor, erfüllet. Alſo ſchlafen Sie ſanft!
„bis die Morgenröthe Ihre geſtärkten Glie-
„der zum fröhlichen Hochzeitfeſte erweckt!„
Ein gütiger Lobſpruch aus dem roſenfar-
benen Munde der Gräfinn belohnte die
Einſicht der Zofe — Auch der Magiſter
wollte ihr gern ſeinen Beyfall darüber be=
zeigen, aber ſeine Worte verwandelten ſich
in gähnenden Mislaut, daß er zur Hül-
ſe ein beredtes Kopfnicken rief. In wenig

nig Minuten war jeder wichtige Umstand
nach Sibyllens Sinne geendet. Der Haushofmeister beherbergte den schnarchenden
Magister, und die dunkelbraune Nacht
verbarg seine heimliche Ankunft unter ihrem Schleyer vor der mistrauischen Gouvernantinn und vor dem murrenden Hof-
hunde.

Der volle Morgen hatte den hochgebohr-
nen Gerichtsherrn erweckt. Itzt überdenkt
er noch im Bette den Zustand seines Magens und fordert mit schwelgerischer Neu-
gier den frühen Küchenzettel — Da tritt
der Haushofmeister herein, und meldet ihm
die Beherbergung des verspäteten Pfarrherrn, und wie er itzt, voller Verlangen,
Ihro Gräfliche Gnaden zu sprechen, vor
der Kammerthüre lauschte. „Je, willkom-
„men, werther Herr Pastor, willkommen!„
schrie der Graf dem Verliebten entgegen!
Bückend trat dieser vor das Vorhangbet-
te

te des Grafen, und sein schwerer Athem
blies sogleich die hochzeitliche Bitte hervor, die er mit einer Menge von Wünschen beschloß, worzu ihm der Wechsel der
Zeit die beste Gelegenheit darboth. Bey
starkem ungeduldigem Herzklopfen wartete
er nun, bis der Morgenhusten des stotternden Grafen sich legte — als er auf
einmal diese deutliche Antwort vernahm:
„O sehr gern will ich meiner Tochter das
„Vergnügen erlauben, an Ihrem Ehren-
„tage, lieber Herr Pastor, im schönsten
„Putze zu glänzen. Der priesterlichen Auf-
„sicht überlassen, ist ihre Tugend sicherer,
„als unter meinem eigenen Dache. Ja,
„mein Freund, verlassen Sie sich darauf,
„sie soll Nachmittags mit sechs rüstigen
„Pferden vor Ihrer Hausthüre erscheinen,
„und das Hochzeitgeschenk will ich selber
„besorgen. Damit aber auch Sie, mein
„lieber, sich nicht vor Ihrer nahen Hoch-
„zeit

„zeit ermüden, oder wieder bestohlen wer-
„den, und sich im Walde verirren, so
„soll meine geschwinde Jagdchaise Sie itzt,
„Ihren erwartenden Geschäfften zurück füh-
„ren, und meine aufrichtigen Wünsche sol-
„len Ihnen folgen.„ Da ergriff der ent-
zückte Magister die schwere Hand des Grafen von Nimmer, küßte sie hundertmal,
und benetzte sie mit Thränen der Freude,
die über seinen stachlichten Bart herunter
rollten; wie ein plötzlicher Sonnenregen über
die glänzenden Stoppeln der Felder. Wie
rechtmäßig war diese Freude; denn nach
diesem Orakelspruche endigte sich alle sein
Leiden. Halb war nun schon die Bedingung des Hofmarschalls erfüllt, und für
die andere Hälfte wird die schöne Clarisse
schon sorgen. Mit einem segnenden Complimente verließ er die Stube des Grafen. An der Treppe lauerte die verschmitz-
te Sibylle auf ihn, und erforschte den
Aus-

Ausgang der Sache. Mit zwey kurzen Worten entdeckt' er ihr die gnädige Erlaubniß seines Patrons; und indem er sich in die Chaise warf, flog die erfreute Zofe zu ihrer Gebieterinn. Nun beschäfftigte die Wahl eines reizenden Putzes den ganzen Vormittag beyde weibliche Herzen, und alles lag schon in der schönsten Ordnung, ehe der langsame Alte seiner Tochter die Bitte des Bräutigams, und seine eigene väterliche Erlaubniß anzukündigen glaubte. Sie hörte ihn an, als ob sie von nichts wüßte, und bedankte sich gleichgültig für die vergönnte Spatzierfahrt — und leichtfertig erkundigte sie sich nach den übrigen Gästen der priesterlichen Hochzeit: doch der gute Alte wußte ihr keine Nachricht zu geben. „Wer wird dabey seyn, „sprach er, als seine Confratres vom Lan- „de!„ Indessen klopfte das Herz der jungen Gräfinn ungeduldig nach ihrem lie-

E   ben

ben Hofmarschalle, bis der geschäfftige Puß die langen Minuten vertrieb, und ein sanfter Wagen die freundliche Göttinn, nebst ihrer vielfarbichten Iris aufnahm, und zu dem Hofe des traurigen Schlosses hinaus flog.

Fünfter Gesang.

Der glücklich angelangte Magister fand seine berostete Pfarre zu einem Palaste verwandelt, als er hinein trat. Ein Dutzend Bediente seines gnädigen Gönners hatten in seiner Abwesenheit die herkulische Arbeit unternommen, Stuben und Kammern säuberten, und in der Küche herrsch... ...licher Koch, dessen eigensinnige ausen... Geräthe verlangten, deren ...ch ni... diesem Dorfe waren ge... ...donnernden Flüche flo... ...che herum, daß der mit einem Schauer ...in ruhiges Museum ... zur Hand nahm.

Als

Als ein Fremdling in seiner eigenen Behausung, getraute er sich nicht, itzt von dem vornehmen Koche etwas zu essen zu fordern; lieber versäumte er das Mittagsmahl, und tröstete sich politisch mit dem fröhlichen Soupe.

Die dritte critische Stunde des Nachmittags brach an, und lud durch ihren Glanz den Neid des ungebethenen Superintendenten und aller Amtsbrüder auf den Hals des armen Verlobten. Strenge dich an, Muse! und hilf mir das Gewühl der Vornehmen beschreiben, die sich itzt in das Haus des Pfarrherrn sammelten. Zuerst erschien der lackirte Schlitten des Hofmarschalls, an der Spitze vieler andern. Vier deutsche Hengste, chinesisch geschmückt, zogen ihn, und ein vergoldeter Jupiter regierte den Kutscher — Ein musikalisches Silbergeläute hüpfte auf dem Rücken der Pferde, indem unter ihren stampfenden Füßen die

fröh-

fröhliche Erde davon flog. Schon von fer-
ne erkannte der zitternde Pfarrherr seinen
Gönner, und an seiner Rechten die geputzte
Braut. Mit unbedachtsamer Höflichkeit
gieng er dem fliegenden Schlitten entgegen
— aber sein schnurbärtiger Führer wendete
mit seinen vier Schimmeln in vollem Trabe
um, daß der Magister, mit verzerrtem Gesichte, eilig wieder zurück sprang. Mit ma-
jestätischem Anstande stieg nun die einnehmen-
de Willhelmine von dem sammtenen Sitze.
Zum erstenmale — aber auch zum letzten,
verrieth sich der kleine vorgestreckte Fuß bis
an die Höhe des gestickten Strumpfbandes;
denn so bald sie ausgestiegen war, umrausch-
te ein buntfarbiger Stoff die verdeckten
Schönheiten. Eine schneeweiße türkische
Feder blähte sich auf ihre gekräuselten Haa-
re, und bog sich neugierig über ihren wallenden Busen, der unter den feinen Spitzen
aus Brabant hervorblickte, wie der volle

E 3   Mond

Mond hinter den Sprößlingen eines jungen Orangenwäldchens. Nach ihr sprang der ansehnliche Hofmarschall unter die Menge der erstaunten Bauern, die heute Arbeit und Tagelohn vergaßen, um das Fest ihres Hirten zu begaffen. Ein gewässertes Band hieng schief über den lazurblauen Sammt seines Kleides; und der milde Einfluß seines Gestirns zeigte sich auf allen Gesichtern, und nöthigte dem unhöflichsten Trescher den Huth ab. Alle Blicke wandten sich itzt einzig auf den gestirnten Herrn — nicht einer fiel mehr auf Willhelminen. Diese werden wir noch oft, dachten die Bauern, als Frau Magisterinn bewundern, aber einen Hofmarschall sieht man nicht alle Tage. So vergißt man das alles bescheinende Licht des Olymps, wenn eine seltene Nebensonne erscheint, die plötzlich entsteht und verschwindet.

Ein anderer Schlitten, unter dem Zeichen des Mars, der (eine seltsame Erfindung

dung des witzigen Bildhauers) auf einem
Ladestock ritt, lieferte zween aufgedünstete
Müßiggänger am Hofe, Kammerherren genannt. Einst hatten sie in ihrer Jugend
als hitzige Krieger einen einzeln furchtsamen
Räuber verjagt, und sich und dem geängste-
ten Prinzen das Leben errettet. Zur Belohnung hatten sie sich dieses unthätige Leben
erwählt, genossen einer feistmachenden Pen-
sion, erzählten immer die große That ihres Soldatenstandes — und gönnten gern
ihre lärmende Gegenwart einem jeglichen
Schmause. So lebten einst die Erhalter
des Capitols, die dummen Gänse, von den
Wohlthaten der dankbaren Römer; ohne
Furcht, geschlachtet zu werden, fraßen sie
den ausgesuchtesten Waizen von Latiums
Feldern, für einen wichtigen Dienst, den
eine jede andere schnatternde Gans mit eben
der Treue verrichtet hätte. Der flüchtige
Mercur und vier schnaubende Rappen brach-

E 4   ten

ten die pygmäische Figur eines affectirten
Kammerjunkers gefahren.   Stolz auf einen
eingebildeten guten Geschmack, ersetzten seine reichen Kleider den Mangel seines Ver-
standes.   Zuversichtlich besah er heut eine
glänzende Weste, die, wie die weiße Wam-
me eines drollichten Eichhörnchens, unter
seinem rothplüschnen Rocke hervorleuchtete;
und tröstlich dacht' er an die Verdienste der
weit kostbarern zurück, die sich noch in seiner Garderobe befanden.   Ein paar blitzen-
de Steinschnallen, und eine Dose von Saint-
Martin erschaffen, waren ihm das, was einem rechtschaffenen Manne ein gutes Gewissen ist — sie machten ihn zufrieden mit sich
selbst, und dreust in jeder Gesellschaft.   Itzt
lief er gebückt in die Pfarre hinein; gebückt,
als ob sein kleiner Körper befürchtete, an die
altväterische Hausthüre zu stoßen, die gothi-
sches Schnitzwerk verbrämte.   Nun aber
kam unter der Anführung einer gefälligen
                                          Miner-

Minerva ein einzelner vernünftiger Mann
gefahren, der wenig geachtet von den Wei-
sen des Hofs den Befehlen seines Herzens
mit strengem Eigensinne folgte. Nie er-
niedrigte er sich zu der Schmeichelen, und
nie folgte er der Mode des Hofes, die das
Hauptlaster des Fürsten zu einer Tugend
erhebt, und durch Nachahmung billigt;
Vergebens — (Konnt' es wohl anders
seyn?) hofft' er in diesem Getümmel ein
nahes Glück, hier wo man nur durch feine Ränke gewinnt, und wo die Blicke
der Großen mehr gelten, als ein richti-
ger Verstand und Tugend und Wahrheit:
Zischet ihn aus — ihr Lieblinge des Hofes! Was helfen ihm alle seine Verdienste? Daß sie einst vielleicht, in Stein ge-
hauen, auf seinem Grabmaale sitzen und
weinen? O wie thöricht! den Gebothen des
Himmels zu gehorchen, wo ein Fürst be-
fiehlt, und auf dem einsamen Wege der

Tu-

Tugend zu wandeln, wo noch kein Hofmann eine fette Pfründe erreicht hat. Wenn eine falsche schwankende Uhr des Stadthauses den Vorurtheilen der Bürger gebiethet, so betriegt uns oft unsere wahre Kenntniß der Zeit um ihren Gebrauch; denn hier, wo ein jedes dem allgemeinen Irrthume folget, den eine summende Glocke ausbreitet, und die entfernte Sonne für nichts achtet, was hilft es hier dem gewissen Sternseher, daß er sich allein nach ihren Befehlen richtet — und den Wahn der Stadt verlachet — und seine Stunden nach der Natur mißt? Mit allen seinen Calendern wird er bald sein Mittagsmahl — bald den Besuch bey seiner Geliebten und bald den Thorschluß versäumen.

Zween würdige Gesellschafter beschlossen den Einzug in einem alten Schlitten, den ein unscheinbares Bildniß beschwerte —

Ob

Ob es einen nervigten Vulcan oder einen
aufgeblähten Midas vorstellte, war für
die Kunstrichter ein Räzel. Ein halbge-
lehrter Patritius, ehmaliger Hofmeister des
Marschalls, am Stande, so wie an Wis-
senschaft, weder Pferd noch Esel — nahm
die eine Hälfte des bretternen Sizes ein,
und auf der andern saß ein graugeworde-
ner Hofnarr, der mühsam den ganzen Weg
hindurch auf Einfälle dachte, in Versen
und Prosa, die hohe Gesellschaft zu erlu-
stigen: aber sein leerer Kopf blieb ohne
Erfindung. Oft weinte der Arme, daß
sein Alter ihm das Ruder aus den Händen wand, das er so lange glücklich regie-
ret, und um welches sich izt der fürstliche Läufer, der Oberschenk und eine dicke
Tyrolerinn rissen.

Niemand ward mehr erwartet, als die
junge Comtesse. Der Hofmarschall stund
unbeweglich an dem offenen Fenster, und
seine

feine feurigen Blicke fuhren, durch ein un-
geduldiges Fernglas, auf den Weg hin,
wo die schöne Clarisse herkommen sollte.
Wimmernd rang der angstvolle Magister
die Hände, und versicherte ohn' Aufhören
den argwöhnischen Hofmann: „Die junge
„Dame werde gewiß kommen. Ach! sag-
„te er, sie hat mir ja mit der aufrichtig-
„sten Mine versprochen, meine schwere Be-
„dingung erfüllen zu helfen, und sie wird
„mich gewiß nicht in meinen Nöthen ver-
„lassen." Unterdessen war auch schon der
theure Mann angelanget, der dieß Braut-
paar fester verbinden sollte. Auf dem be-
nachbarten Dorfe, wo niemand die Reizungen einer Willhelmine kannte, hatt' er
von den drey Seiten seiner hölzernen Kanzel trotzig gefragt: Ob jemand wider das
Aufgeboth seines Freundes etwas einzuwen-
den hätte? Und dreymal hatt' er die Ver-
leumdung mit diesen mächtigen Worten ge-
bannt:

bannt: Der schweige nachmals stille! Sein frommfarbichter Mantel bedeckt' ein wildes Herz; ohne Neigung war er ein Geistlicher, und ward selbst in einem Amte mager, das seit dreyhundert Jahren die Schwindsüchtigen fett gemacht hatte. Mosheim und Cramern kannt' er nicht: er sprach aber gern von dem General Ziethen und von dem Treffen bey Roßbach. Seine Bauern, wild wie er selbst, konnt' er lange nicht durch die Bibel bezähmen — denn er verstund sie nicht — aber es glückte ihm nach einer neuern Methode. Denn eh' er seinen Rednerstuhl bestieg, besah er sein florentinisches Wetterglas, und rief prophetisch alle die Veränderungen von seiner Kanzel, die es ihm ankündigte. Bald wahrsagt' er der ungezogenen Gemeinde Regen und Wind in der Heuernbte: bald aber beglückt' er sie, zum Troste, mit einem warmen Sonnenschein in der Weinlese.

lese. Die gerührten Bauern bewunderten
den neuen Propheten, besserten ihr Leben, und
besetzten seit dem alle Stühle der Kirche.
Nach einer langen, gefeyerten Pause — erschien endlich die erseufzte Göttinn, köst-
lich in ihrem Schmucke, und wunderschön
von Natur; und welch ein Glück für den
Hofmarschall! ohne Gouvernantinn erschien
sie. Die Furcht vor einem Hochzeitgeschenke
hatte diese geizige Seele zurück gehalten;
und die sonst nie von der Seite ihrer jungen Dame wich, überließ heute zum erstenmale den langbewahrten Schatz einem
listigen Geliebten, der als ein alter Poli-
ticus, die Zeit zu gebrauchen weis. Mit
funkelnden Augen empfieng er die Schöne,
auf deren Wangen sich eine warme Röthe
verbreitete, da sie ihm die glaßirte Hand
reichte, die auch schon in dem Augenblicke
zärtlich gedrückt war. Und nun war die
ganze Bedingung erfüllt, die das Schicksal

fal des armen Dorfpfarrn bestimmte. Die
vornehme Versammlung begleitete ihn zur
vollen Kirche, wo er durch ein vielbedeu-
tendes Ja! vor der ganzen Gemeinde gesprochen, von seiner reizenden Braut alle
die mystischen Rechte der Ehe, und das
beschlossene Glück und Unglück seines gefesselten Lebens, mit Freuden empfieng.
Mit zurückhaltender Bescheidenheit, erhielt
auch Sie von seinen Lippen das Blanket der
Liebe, worauf die eigensinnige Zeit ihre
Befehle schreiben wird, die kein Thränen-
guß auslöscht. Ein geheimer Neid saß in
den glatten Stirnen und in den Runzeln
der weiblichen Gemeinde: aber die Män-
ner blickten ihren beweibten Hirten mit lä-
chelndem Mitleid an; denn die Erinnerung ihres ehmaligen glücklichen Traums,
der heut' auch über ihrem Pfarrherrn schwebte — und das wache Bewußtseyn ihres
ißigen Schicksals bracht' ein ernsthaftes
Nach-

Nachdenken in ihre Gemüther. Und nun
besaß der Beglückte seine Beute, die ihm
kein Sterblicher wieder entreissen konnte.
Nun hab' ich sie endlich erhascht, die fröhlichen Minuten, dacht' er, die mir vier
Jahre lang entwischt waren; und voll Empfindung seines Glücks, drückt' er oft seiner angetrauten Willhelmine die kleine
Hand, und führte sie mit triumphirender
Nase nach Hause. Aber ein wunderlicher
unversehner Gedanke, der sich wider alles
Vergnügen auflehnte, stieg itzt aus dem
klopfenden Herzen der armen Verlobten
empor — Ist dieß nicht, seufzte sie bey
sich selbst, das leichengepränge deiner Schönheit? Klägliches Geschenk der Natur, das
keinem weniger hilft, als der es besitzt!
Was für unruhige Tage hast du mir nicht
verursacht! und itzt begräbst du mich so-
gar in einer schmutzigen Pfarre? Wie ver-
schieden waren hier nicht die Begriffe der

Schö-

Schöne und ihres Vermählten! Wo soll
ich ein Gleichniß hernehmen, ihren Ei-
gensinn und seine gierige Liebe deutlicher
zu machen? Meine Muse hilft mir —
Hier ist es: So überholt ein unermüdeter
Windhund die abgemattete Häsinn, wenn
er sie von der Seite ihres verliebten Ram-
lers gestört, und durch Büsche und Süm-
pfe verfolgt hat —, und so fällt sie —
die arme Häsinn, und sieht noch, mit ster-
benden Augen, manchen stattlichen Jäger
sich um ihr Wildpret versammlen — Einer betrachtet es noch mit spottenden Minen; ein anderer befühlt es, und da dächte
sie, wenn Häsinnen denken könnten, gewiß:
Welch ein trauriges Verdienst ist es —
schmackhaft zu seyn! Würde wohl mein kurzes Leben, durch hundert Reviere gejagt, noch
endlich unter dem Biß' eines dürren Wind-
hundes verfliegen, wenn ich keine Häsinn wär',
und kein besser Fleisch besäß, als ein Maul-
wurf.   F   Ein

Ein mathematischer Furier hatt' indeß die hochzeitliche Tafel geordnet. Ehe man sich setzte, bewunderte man seinen Geschmack in einer minutenlangen Stille, und faltete dabey die Hände. Schimmernder Wein, der, wie die Begeisterung der Liebe, nicht beschrieben, nur empfunden werden muß, blickte durch den geruchvollen Dampf der theuern Gerichte, wie das Abendroth unter dem aufsteigenden Nebel hervor.

Itzt ergriff der gestirnte Hofmarschall die warme weiche Hand der blauäugichten Willhelmine, führte sie an die obersto Stelle der Tafel, und bath den dankbaren Schwarzrock, sich neben seiner Göttinn zu setzen, und nicht durch den Zwang eines Neuvermählten die Freuden der Tafel zu stören. Ach! wie giebt hier die veränderliche Zeit ihr Recht zu erkennen! Er — der ehemals dem weinenden Pfarrherrn seine Geliebte entzog, giebt sie ihm itzt bey einem
frey-

freygebigen Gaſtmahle gepußt und artig
wieder zurück, und macht ihm alle ſein
ausgeſtandenes Leiden vergeſſen. So über-
ſchickt' einſt der große Agamemnon ſeine
Chriſeis, dem belorberten Prieſter des Apoll,
die der königliche Liebhaber der väterlichen
Sehnſucht lange Zeit vorenthielt. Präch-
tige Geſchenke, und eine Hekatombe mußten den Alten tröſten, und ſeinen Gott
verſöhnen, und in hohen Tönen beſang der
Dichter der Ilias dieſe Geſchichte, wie ich
ißt die Hochzeit eines Magiſters beſinge:

Der Schmaus gieng an! Ein köſtliches
Gericht verdrängte das andere, und Ba-
chus und Ceres tanzten um den Tiſch her.
Der freymüthige Scherz, die feine Spöt-
terey, und das fröhliche Lächeln, vertrieben
unbemerkt die taumelnden Stunden des
Nachmittags, und der Geiſt der Comteſſe
und des Champagners durchbrauſte die
fühlbaren Herzen der Gäſte. Alles war

F 2   munter

munter und fröhlichen Muths. Nur der
Magister und der Hofnarr — immer ihres Amtes eingedenk, saßen unruhig an der
frohen Tafel. Den einen überfiel bald ein
theologischer Scrupel, bald ein Gedanke seiner künftigen Liebe; und der andere äng-
stete sich heimlich, daß es in seinem Ge-
hirne so finster, wie eine durchnebelte Win-
ternacht, aussah. Wie oft buhlt' er vergebens um das belohnende Lächeln des Marschalls, und wie oft verfolgte sein schwerer
Witz die flüchtigen Reden des lustigen Kammerjunkers! aber eh' er sie erreichte, waren
sie von der Gesellschaft und von dem Red-
ner selber vergessen, und mit Verdrusse nahm
er wahr, daß niemand seine Einfälle begriff,
und alle seine witzige Mühe verloren gieng.
Ein alter hungriger Wolf schleicht so dem
Fuchse nach, der unbekümmert durchs Gras
scherzt, den verdrüßlichen Räuber bald nach
dieser bald nach jener Seite hinlockt, und
enb-

endlich doch seiner groben Tatze entwischet.
Zur Erholung der gesättigten Gäste, deren
immer sich anstrengender Witz manchmal
schlaff zu werden begonnte, rief der kluge
Hofmarschall den Verstand des sinnreichen
Conditors zur Hülfe, der so oft seine Wir=
kung zeigt, wenn die langweiligen Reden
des Fürsten seinen Hof einzuwiegen bedro=
hen — Und — Auf einmal reizt' eine
überzuckerte Welt die weiten Augen der
Gäste. Faunen und Liebesgötter und nacken=
de Mägdchens, in einem poetischen Brenn=
ofen gebildet, scherzten ohn' Aufhören im
funkelnden Grase. In der Mitten entdeck=
te sich eine lachende Scene unter einer ho=
hen arkadischen Laube, von ewigem Win=
tergrün: Die porzelane Zeit wàr es, die
mit einer furchtbaren Hippe, den zerbrech=
lichen Amor in der Laube herumjagte —
O wie wird es ihm gehen, wenn er sich
einholen läßt! denn der kleine lose Dieb
F 3   hat

hat der Zeit ihr Stundenglas liſtig ent-
wendet, und ſchüttelt den Sand darinnen
unter einander, worüber die hohe Geſell-
ſchaft ſich inniglich freute. Ein voller Teller luſtiger Einfälle, in buntem Kraftmeh-
le gehacken, ſtreute neues Vergnügen über
die Tafel. Welche Vermiſchung von Din-
gen! Stiefeln und Unterröcke, Ferngläſer
und Schnürbrüſte Küraß' und Palatins,
Spiegel und Larven, klapperten unter einander. Jedes öffnet' eine Figur, die ihm
das Ohngefähr oder ſeine Neigung in die
Hand gab; und die ausgewickelten Orakel-
ſprüche wurden laut geleſen. Ein Puß-
kopf lieferte dem Hofmarſchall eine feurige
Liebeserklärung — Lächelnd ſah er ſeine
gräfliche Nachbarinn an, und überreicht'
ihr die bunten Looſe. Sie ergriff einen Fe-
derhuth, und las ſtotternd eine prophetiſche
Beſchreibung des verliebten Meyneids ab.
Furchtſam gab Sie den Teller von ſich—

Ein

Ein ungesalznes Epigramm auf den Hymen, lag in einem Strohhuthe gehüllt, und ward von dem Kammerjunker aus seinem Staube gezogen, und mit lautem Lachen ausgeposaunt — Die lose Willhelmine zerrieb eine Knotenperücke, die in Knittelversen den Kammerjunker würdig widerlegte — Nach ihr ergriff, aus verliebter Ahndung, der Magister ein schneeweißes Herz, worein eine witzige 3. geätzt war. Bedächtlich öffnet' er es, und fand diese wenigen Worte: Ich liebe einen um den andern — Wer hätt' es diesem falschen Herzen ansehen sollen, rief er voller Verwunderung, und klebte mühsam die beyden Hälften wieder zusammen. Alle noch übrige Devisen wurden von den beyden Kammerherren und dem Hofnarren zerknickt, die ganz still die noch verborgenen Schätze des Witzes für sich einsammelten, wie der

Geiz-

Geizhals das wohlfeile Korn auf die theuern Zeiten der Zukunft.

Die verdrüßliche Langeweile fieng wieder an, den angenehmen Lärm der Gesellschaft zu unterdrücken, als der schlaue Hofmarschall es zeitig bemerkte, und ein frohmachendes Hochzeitgeschenk aus seiner Tasche hervorzog. Er wickelt' es aus dem umhüllten Papier, und ermunterte die übrigen Gäste, seinem Beyspiele zu folgen. Ungezwungen stellt' er sich hinter den Stuhl der angenehmen Braut, und hieng ihr ein demantenes Kreuz um, das an einem schwarzmoornen Bande zwischen dem schönen Busen hinunter rollte — O was für ein Bewußtseyn durchströmt' ißt die blutvollen Wangen der Schöne! Mit ungewisser Stimme dankte sie dem galanten Herrn. Lange konnte sie nicht ihre widerstrebenden Augen in die Höhe schlagen,

und

und die unzeitige Schaam brachte sie in
eine kleine Verwirrung. Ein solches Ge-
fühl durchdringt oft die treulose Brust eines Hofmanns, wenn sie nun zum erstenmale unter dem gnädigst ertheilten Ordens-
sterne klopfet. Furchtsam glaubt' er, die
Gemahlinn des Fürsten möchte das Verdienst errathen, das ihm dieß Ehrenzei-
chen erwarb. Selbst denen ihm unbe-
kannten laconischen Worten des Sterns
trauet er nicht, und er wird es nicht eher
wagen, sich unter seine Neider zu brüsten,
bis ihm sein trostreicher Schreiber die gol-
denen friedlichen Buchstaben verständlich
gemacht hat.

Was für köstliche Geschenke häuften sich
nicht in dem Schooße der glücklichen Willhelmine — Spitzen und Ringe und Do-
sen und künstliche Bluhmen — Ach dachte der Pastor — ach! so viel Reichthum
habe ich ja nicht in meinem zehnjährigen be-

F 5   schwer-

schwerlichem Amte gesammelt — und wie wunderbar! als Herr seines Weibes dankt' Er — auch Er! seinen großmüthigen Gönnern für diese Geschenke. Man sah es an dem satyrischen Lächeln der Gäste, wie gut seine fröhlichen Danksagungen angebracht waren.

Der

Der sechste Gesang.

So endigte sich das fröhliche Hochzeit-
mahl. Die trunkenen Gäste taumel-
ten in dem kleinen Raume des Zimmers
immer wider einander. Ein Evan Evoe
umschallte die Wände, Leuchter und Stühle drehten sich in einem Kreis herum, und
unvollendete Lieder und halbgestohlene Küsse,
erfüllten die Luft. Die zerstreuten Kammerherren, ohne Gedanken, in welchem
frommen Hause sie lebten, riefen nach einer Karte zum Pharao — Die junge Comtesse, ihres jungfräulichen Zwanges, und
ihrer Gouvernantinn uneingedenk, stellte sich
mit dem gestirnten Hofmarschall in den

einsa-

einsamen Bogen des Fensters, und dieser
genoß der süßen Betäubung der Schönen,
so gut als er vermochte. Der kindische
Kammerjunker versuchte seinen Witz an
dem schläfrigen Hofnarren, und alle Vortheile, die er über ihn erhielt, erzählt' er
mit lautem Triumphe der unaufmerksamen
Gesellschaft — Aber alle verachteten die
harmonische Erinnerung des Nachtwäch-
ters, und übersahen das politische Gäh-
nen des Neuvermählten, und lachten alle
den Mond an. So taumeln oft die ver-
mummten Geschöpfe einer Maskerade wi-
dersinnisch unter einander, vergessen ihre
Verkleidung, um nach dem Trieb' ihrer Sinne zu handeln — Rabbi Moses
zieht die verkappte Nonne zum schwäbi-
schen Tanz auf, oder fordert ein Stück
schmackhafte Cervelatwurst. Der lange Tür-
ke trinkt im falben Burgunder die Gesund-
heit des allerchristlichsten Königs, und die
stro-

stroherne Pyramide fängt an, Knaster zu
rauchen.

Itzt gieng der ungeduldige Ehmann in
seine einsame Studierstube — verwünschte
seine lärmenden Gäste, und rief also zum
Amor: „O du mächtiger Sohn der Cy-
„there! hast du mir deinen Schutz nur
„darum angebothen, und mich deines Ra-
„thes gewürdiget, um mich itzt desto mehr
„zu kränken, und mein dankbares Herz
„wider dich zu empören? Was hilft es,
„daß du mich nach den Reizungen mei-
„ner Willhelmine hast schmachten gelehret,
„und daß du mich durch ihr melodisches
„Jawort beglückt hast — Was hilft es,
„daß mir dieser Tag in der schönsten Feyer
„entflohen ist, wenn meine erste Braut-
„nacht langweilig und ungefeyert davon
„zieht? Die lächelnde Morgenröthe wird
„mich spottend an die neue Bekanntschaft
„einer Freud' erinnern, die wider mein
Ver-

„Verschulden mir fremd geblieben ist, und
„Willhelmine wird mir mit ernsthaftem
„Lächeln in das Gesicht sehn, wenn sie die
„glückwünschenden Bauern, Frau Magi-
„sterinn, grüßen. Diese Nacht, o Sohn
„der Venus, nur diese einzige Nacht, be-
„herrschest du noch mit dem Hymen in
„gemeinschaftlicher Ehre — So laß mir
„doch nicht durch das wilde Getöse der ge-
„putzten Höflinge, und durch das Wie-
„hern ihrer Pferde, diese glücklichen Stun-
„den entziehen, die keine Macht vermö-
„gend ist, mir wieder zurück zu führen, soll-
„ten sie einmal davon seyn!„ Also sagte
der klagende Magister, und brachte den
Stolz des kleinen Gottes in Bewegung.
Er freute sich, daß der dankbare Vermählte, nicht trotzig auf die dienstbare Hülfe des Hymen, des Amors Freundschaft
noch suchte; (o würde doch von keinem
Vermählten des Amors Freundschaft für

ent-

entbehrlich gehalten.) Gütig entschloß er sich,
dem Verliebten zu helfen, und den Jupiter und des Pantheons verirrte Bewoh-
ner und Ritter und Pferde hinaus zum
Dorfe zu jagen. Welch ein heroisch Un-
ternehmen — Welch eine That!

Recht zu gelegener Zeit fiel dem kleinen Helden der Trojanische Brand ein,
der die trotzige Garnison der Griechen nöthigte, den flammenden Platz zu verlassen, und diese so oft besungene schreckliche
Geschichte, gab ihm eine sinnreiche Kriegslist an die Hand, die er mit Glück und
Tapferkeit ausführte. Er drehet' aus den
Händen des gefesselten Hymen die hochzeitliche Fackel, die lichterloh brannte, und
stahl sich unvermerkt in die geruchduften-
de Küche des Pfarrherrn. Von der ed-
len Kochkunst verlassen, die vor kurzem
zwanzig schöpferische Hände darinnen beschäfftigte, ruht itzt eine finstere Traurig-
keit

keit unter ihren Gewölben. Auf dem warmen Herde lag eine ungebrauchte Speckseite in der aufgehäuften Asche verborgen, woran die ganze große geschwänzte Armee des scherzhaften Mäonides sich hätte sättigen können. Dieses ungeheure Magazin steckte der freybeutische Amor, mit abwärts gesenkter Fackel in Brand. Auf einmal flog es, durch die fettige Flamme belebt, in die schwarze Esse, die sich rauschend entzündete — und ihr blutrothes Feuer dem hohen Firmamente zuwälzte — Es war geschehen — Amor schüttelte seine Flügel und floh, und stellte sich auf die knarrende Fahne des Kirchthurms. Hier stund er, wie Nero, als er mit grausamer Wolluft seine Residenz brennen sah, und freute sich seines gelungenen Anschlags, und erwartete den erschrecklichen Ausgang — Und nun — o Muse! hilf mir das Getümmel beschreiben, das in dem Hause

des

des Magisters entstund, als die gräßliche
Feuerschreyende Stimme, sich über das auf-
geschreckte Dorf ausbreitete! Das hohle
furchtbare Getöne der stürmenden Glocken,
die ein angstvoller Cantor unermüdet läu-
tete — verkündigten den verzagten Matro-
nen ihren Untergang, und das Geschrey
der Kinder, und das Pochen der Nach-
barn und das Bellen der Hunde, machten die finstere unglückliche Nacht noch
schrecklicher. Von dem stummen Entsetzen
geführt, kam die verlorene Nüchternheit itzt
wieder in die Versammlung der Hochzeit-
gäste zurück. Doch kaum begriffen sie das
drohende Unglück ihres betrübten Wirths,
so flohen sie ihn, als wahre Hofleute, mit
eilenden Füßen, und nach einem kurzen
gleichgültigen Lebewohl! verließen sie alle
das neue Ehepaar in Thränen. Aber,
wie ehemals der junge Aeneas seinen alten frommen Vater aus dem flammenden

G   Troja

Troja trug, so umfaßt' itzt der getreue
Hofmarschall seine weinende Clarisse, und
durch die Liebe gestärkt, verachtet' er alle Gefahren. Das Feuer prasselt' über
sein Haupt, und die Wellen des Fischbein-
rocks schlugen über seine zerrissenen Haar-
locken zusammen — dennoch bracht' er sie
glücklich an ihre sichere Carosse, und über-
gab sie den Händen ihrer schützenden Zofe. Und wie der unerschrockene Weise ge-
genwärtig in den größten Bedrängnissen,
sich noch um Kleinigkeiten des Lebens be-
kümmert, oder so, wie der große Lips Tul-
lian auf dem Richtplatze, da schon der
Stab gebrochen ist, noch für seine Nase
besorgt, um eine Prise Rappee bath. Noch
schnupft' er ihn mit süßer Empfindung,
in dieser entscheidenden furchtbaren Minute — recfte darauf mit einem Seufzer
den Hals dar — und befand sich in der
andern Welt, eh' er niesen konnte. Eben
so

so nahm noch itzt der Hofmarschall drey verliebte Küsse von seiner beängsteten Schöne, und warf sich mit unterdrückter Sehn-
sucht in seinen fortschallenden Schlitten.
Das Zeichen war gegeben, und nun flo-
gen alle die unbändigen Pferde mit ihren
Rittern davon, die mit stillem Vergnügen
über ihre Sicherheit, oft nach der brennenden Pfarre zurück sahn.

Kaum war die lärmende Versammlung
der Götter- und Menschengestalten zum Dorfe hinaus, so gebot Amor: das Feuer
sollte verlöschen — und es verlosch. Zwar
verkannte der blinde Pöbel die Hülfe des
Amors, und jauchzend dankten die Bauern
ihre Rettung einem schwarzen Dämon, der
es gewagt hatte, aufs priesterliche Dach
zu steigen, wo er, dem Feuer zum Opfer,
eine arme geraubte Najade der Elbe, in
den schwarzen Abgrund hinunter stieß, daß

G 2   ihre

ihre zerschmetterten Glieder in einer schmutzigen Küche ein unbekanntes Grabmaal
bedeckte.

Nun brachte der Gott der Liebe dem
Hymen die hochzeitliche Lunte wieder zurück; darauf gieng er Hand in Hand mit
ihm, zu dem getrösteten Verliebten, und
sammelte seine entzückten Danksagungen in
den leeren Köcher; denn der kleine Held
hatte den Tag über, alle seine Pfeile ver-
schossen. Die noch übrige Nacht hindurch
wachte seine hohe Person an dem rauschenden Brautbett', und da der Morgen an-
brach, erhob er sich fröhlich in den Olymp
auf den Strahlen der Sonne, die zuerst
dem frohen Magister die Mischung von
Schaam und gedemüthigter Sprödigkeit,
auf den Wangen seiner zufriedenen Schöne sichtbar machten, und ihn zu neuen
Morgenküssen erweckten. Wie reizend blickte

te nicht die vollendete Braut ihrem glücklichen Sieger in das männliche Gesicht!
Gleich einer jungen Rose, die sich unter
dem schwarzen Gefieder einer einzigen balsamischen Nacht entfaltet. Der überhan-
gende Phöbus trifft sie in ihrem vollen
Schmucke an, und vergebens bemühen sich
seine brennenden Strahlen, sie noch mehr
zu entwickeln.

— Itzt stund der kleine Amor vor seiner
freundlichen Mutter, und erzählt' ihr in
scherzhafter Prahlerey, seine Kriegslist und
seinen Triumph, daß seine Stimme durch
den Olymp schallte, und selbst die bescheidenen Musen ihm Beyfall zuwinkten. Ihr
Lächeln löste sich in einem sanften geisti-
schen Sonnenscheine auf, wovon ein golde-
ner Blick in die Welt drang, und unter
so vielen tausend poetischen Seelen die Mei-
nige allein begeisterte. Ich hab' alles ge-

G 3 than,

than, was meine Muse befahl; ich habe das Elend des verliebten Magisters, und seine fröhliche Hochzeit besungen, und hab' ein Werk verrichtet, das durch eine schöne Druckerpresse vervielfältigt, der Vergänglichkeit trotzen kann.

E N D E.